AF280231

buchstäblich ungereimtheiten

Dieses Buch ist den kleinen, aber lichten Momenten des Entdeckens und Innehaltens gewidmet. Und natürlich meiner großen Liebe Maria und meinen Kindern Kathrin, Hannah und Lukas, die es jeden Tag geduldig mit mir ausprobieren.

Christoph Nesgen

buchstäblich ungereimtheiten

© 2003 Christoph Nesgen
Herstellung und Verlag: Books on Demand GmbH, Norderstedt
ISBN 3-8334-0093-5
Die Deutsche Bibliothek – CIP Einheitsaufnahme

Nesgen, Christoph
buchstäblich ungereimtheiten / Christoph Nesgen. – Friedberg, 2003©

Inhalt

Vorwort

Acht Jahre nach der Veröffentlichung meines ersten eigenen Lyrik-Bändchens *„auf der suche"* hoffe ich nun wieder, mit den kleinen und dichten Ungereimtheiten zum Nachdenken und Stehenbleiben anzuregen.

Innerlich wieder ein Stück reifer, hoffentlich nicht erwachsener, gelingt es den Kleinigkeiten des Alltags noch immer, Gedanken zu formen und Zeilen zu Papier zu bringen.

Die Heimat hat sich verändert: Die Oase der Großstadt eingetauscht gegen die Beschaulichkeit einer Kleinstadt - aufgegeben und doch dazugewonnen. Das dritte Jahrtausend ist angebrochen und noch immer färben sich im Herbst die Blätter braun und nur der Winter läßt länger auf sich warten, wie die Züge der Deutschen Bahn. Der „11.September" oder „nine-eleven" ist für lange Zeit eingebrannt in Köpfe und Gedanken. Im Gegenzug versuchen Großmächte mit Wild-West Manieren unterdrückend zu befreien.

Die Zukunft scheint ungewisser denn je. Grund genug, die Gegenwart in vollen Zügen zu genießen.

Friedberg, August 2003
c.n.

übrig - gebliebenes

In diesem Kapitel haben die Texte einen Platz gefunden, deren Entstehung zum Teil viele Jahre zurückliegt. Teilweise sind es Texte, die bei der Auswahl zum Buch *"auf der suche"* durch das Raster gefallen sind und die jetzt wieder an Aussagekraft gewonnen haben; teilweise handelt es sich um schon verloren geglaubte Kostbarkeiten, in Skizzenheften wieder entdeckt.

"kurzen prozess"
nannte er
die im
handumdrehen
zersplitterte
freundschaft

"die zeit heilt alle wunden"
ertönte als trostspruch -
während ihr
gebrochenes herz
in die
hose rutschte

auch wenn
morgen
- rechts zwo, drei, vier -
tausend schritte vergangenheit
in neuen stiefeln
hände in den
himmel recken

marschieren
- rechts zwo, drei, vier -
tausend schritte vergangenheit
gegen davids sterne
der neuzeit

im braunen sumpf
versinkt die überlebenslosung
toleranz

als er sie
küßte
war die gewißheit
des endgültig
zuschnappenden türschlosses
im ohr verankert

als er sie
küßte
waren ihre
herzen verschlossen
unter den fingern
nur haut
und knochen

als er sie
küßte
tropften tränen
salzig brennend
in offene wunden
wortloser
stunden
in gedanken
geordneter
vergangenheiten
küßte er sie
in der
gewißheit
einer
gewissen
fremdheit

herz   träne   türschloss

häutung I

eine abgestreifte
schlangenhaut schafft
platz für weitere
grenzenlosigkeit
im sich schlängelnden
alltag

die natur erwacht aus
schlafloser ruhe
grün entspringt aus jedem
trieb
schützt vor nacktheit
oder scham
deckmantel vor wirklichkeit
scheinbarer glanz

herbstlicher tod wird
schon mit euch
abrechnen

in den hauptzeiten menschlicher
wortlosigkeit
versetzt gesagte tat wohl
angehäufte wörterhalden

worte prallen gegen mauern
zugesagter trommelfelle
blindgeschaute augen übersehen
wörtlich todesreden

zugespitzte wörter
aufgenommen

zu wort meldungen
blind links
überlesen
gedanken los - vorbei
hilferufe abgetrieben - wortlose indikationen

unerhörte wörter
einfach überhört
gleiche wörter
einfach abgehört

zu wort meldungen
in den hauptzeiten menschlicher
wortlosigkeit

auf e i n wort

sprach's
unzählige
alsredeschwallvereint

rat schlag

hoppla
ist die liebe
über stock und stein auf einmal aus
der hand gefallen
regen im geländemarsch
der beziehung läßt
hauptsächliches verfaulen

wenn morsches geäst
schon angebrochen ist
vergeude nicht
die regenschirme
und überlaß
dem sturm
den rest

wie müssen wir eigentlich
mit der natur umgehen
wenn
der regen uns schon
sauer
wird

buchstäblich ungereimtheiten (1)

Nach dem Erscheinen der Buches *„auf der suche"* hatte ich das Gefühl, innerlich leer und ausgepumpt zu sein. Was es zu sagen gab, war gesagt; schwarz auf weiß lag es vor.

Doch eines Tages begannen die Gedanken sich wieder in Schreibformen erfassen zu lassen. Die folgenden Texte sind alle seit Mitte der 90-er Jahre entstanden. Und wie man es auch dreht und wendet – sie bleiben ungereimt.

zwischen den gedanken
luftlöcher atemlosen
luftholens

zwischen den zeilen
gedankenstriche sprachlosen
aufschreibens

wort für wort
erlebt auf den punkt
gebracht

zwischen den augenblicken
entdeckt unsichtbaren
erkennens

wort für wort
erlebt auf den punkt gebracht

der sinn des lebens

taktierende atemzüge
als metronom
der endlichkeit

pulsierende ströme
als flutwelle des vergehens

von sekunde zu
sekunde
eingreifen in
ohnmächtigkeiten der
abläufe

ein stück handschrift
im protokoll: lebenslänglich

ein stück korrektur
des ablaufs: „so war es immer"

von sekunde zu
sekunde
eingreifen der
ohnmacht

manchmal
dreht die erde
durch
bruch ohne überblick zu behalten
erkennen zwischen
polkappen eingeschlossen

in den weiten
eines romans
versteckt sich zwischen
den zeilen
der autor
in der hoffnung
im getümmel der
buchstaben unerkannt
die szenerie beobachtend
den rechten blickwinkel
eingenommen zu haben;
doch ab seite
zweiundfünfzig spiegelt
sich buchstäblich
sein ebenbild
spricht bände

irland 96

die seele baumelt
in der hängematte
geflochten aus geborgenheit
und vertrautheit

bewußtsein des ziels
im täglichen auf den
weg machen

in der berührung
der zielstrebigkeit des seins
erfährt das hier und jetzt
eine sich öffnende
dimension

die seele geflochten
im bewußtsein
auf dem weg

am ende der welt
ist kein abgrund
tiefer der in schützengräben
spielenden kinder
deren mütter geschichten
weinen - alles wird gut

nicht weit ab vom schuß
tarnen spielverderber
blutverschmierte gesichter zwischen
den beinen geliebter
bräute - myrten im haar

schrei !
welt schrei
Dein elend in aller munde
in den hexenkesseln
feuer schürend
friedenselend wahnsinn

sonntagszug

von woche zu woche
hinter sich lassend
schwelle für schwelle
in der vorgegebenen bahn
auszubrechen zwischen
schottergestein und
bahndamm
riecht es nach
gemähtem gras
und brombeersträuchern

tag für tag
schleicht sich stille
zwischen die antworten
der fragenden augen

zu deinem 11. geburtstag

eben war's noch
eine handvoll mensch
die zweisamkeit gesprengt
mit lebenslust die ziele korrigiert
alles herausgeholt ohne
fordernd an die wand zu drücken

die welt erforscht mit
sicheren schritten
am liebsten grenzen
erfahren

schon sind federn
an den flügeln
bald wirst Du
wie ikarus - die mauern
gefangenschaft aus tränen
hinter Dir lassen

verbrenn' Dir die haut
an der sonne -
wie sonst kann die erfahren
was schweben ist,
die nicht abhebt

auf Deinem flug
laß mich stets
ast zum rasten
sein

was mir durch den
sinn geht
vor und zurück
von bildern
gefühlslastig getragene
bildergalerie
gemalt auf
lebendigen leinwänden
in tränenrahmen
getrocknet
läßt es verkrusten

sommerabend

während blau des himmels
in dämmergrau getauscht
als ein wechselspiel
tag - nacht
erkennt die lust
eine chance des
augenblicks im
stimmengewirr
der sich treffenden
augenpaare

viel sehnsucht taut
die sommerhitze
aus den letzten
winkeln

erinnerungen
wie holzpaneelen
eine fläche abdeckend
ein muster bildend
jeder holzstamm für
sich ein leben

gedankenfeiheit

die freiheit der
gedanken erlaubt
die flucht aus den gräben
der wortlosen gefechte
mit offenen mündern in
erstarrten gesichtern

verbrannte erde auf
zwischenmenschlichen schlachtfeldern
reparationsleistungen in keinen
friedensangeboten
vereinbart

opfer der gegenseitigen
kriegsgefangenschaften
als ergebnis zäher verhandlungen nach
und nach ausgetauscht

zwischenmenschlichkeiten -
zwischenmenschlichkeiten auf der
strecke geblieben

die eisige stille in den wortgefechten
verhindert mehr und mehr gegenangriffe
kapitulationsangebote im mund
herumgedreht nicht zu entlocken

friedensverhandlungen im beziehungsminenfeld
geplatzt

es bleibt die freiheit
der gedanken

regennasse straße
geradeaus
herbstwind läßt frösteln
graues band durchschneidet tiefes
grün

regennasse straße
geradeaus
von dort nach da
kilometerlang nur trist und einsam
durchschnitten saftiges grün graues band

regennnase straße
hinter dir lassend und doch
vor dir habend
drohst du
dich in
der endlichkeit des ziels
zu kreuzen oder abzuzweigen

regennasse straße
einsamkeit als schicksal
der spanne unendlichkeit
geformt

regennasse straße
geradeaus
einschnitt zielgerichteter
planer
wege zu erschaffen
regennasse straße
nur das in

dich krallen des
profils läßt ein
weiter kommen
spürbar machen

regennasse straße
eingeschnitten
in saftiges grün

das wiedersehen wäre anders
ausgefallen
wenn da nicht der
zahn der zeit
unerbittlich an
gefühlen nagt

wo die berührung
zweifel säht
blicke mehr als treffen
ertrinken worte im
meer des schweigens

durch den kopf rauschen
bilder

unerbittlich

der klang der worte
im ohr

"auf wieder-sehen"

soldatenfriedhof

"nichts reimt sich im deutschen auf mensch"
dröhnt der liedermacher durch den äther

kalt pfeifender wind
läßt frösteln nicht unterdrücken
beim anblick
weißer kreuze der
geopferten für freiheit
volk oder diverse
parolen

kalt pfeift der wind
ein largo
in die herzen
erstarrter wahnsinns ideologien
opfer

meterweise reiht sich schicksal an schmerz
wahnsinns ideologien
kreuzweise pfeift der
wind
fröstelnd geopfert

schlagen herzen
aufeinander ein

erstickt
der gemeinsame atem

wenn der zukunft
die hand
gereicht
entweicht stöhnend
der luftzug
hoffnung
auf die
gegenwart

ich hoffe den tag nicht zu erleben
an dem sich das wollknäuel
entwickelt
und der schrei der
unendlichkeit
erstarrt in finsterer
erde
und alle
"auf ein neues"
fordern

erinnerung

hol die langen leinen
des morgens langsam ein
nah genug gespürt
an den grenzen der freiheit
doch stets gebunden

hol die langen leinen
des mittags ein
bewußte grenz-erfahrungen
im randbereich
hol ein
hol ein
zieh deine bahn
- erinnerung -

schöpf aus gestern
gebrauchsanleitung für heute

hol ein
im randbereich

haltungen
- buchstäblich ungereimtheiten -
(inspiriert von michael frickel)

es ist wie es ist
wenn du
die welt mit
dir in einer
einheit betrachtest

entscheide dich -
entscheide auch nicht -
du bist zu nichts verpflichtet

zu nichts -
nur zu den folgen

ich stehe
du stehst
wir stehen
auf beiden füßen
im gegenüber mit mir
in verbindung zu mir
was ist - ist

die vergangenheit
nicht wandelbar -
ein teil von mir

mit festem blick
zukunft

pionier
der eigenen grabenkämpfe

pionier
der wüstendurchquerungen
ohne oasen der überlebenskämpfe

pionier
der truppenabzüge im
minenfeld der nichtssagenden
gesellschaftlichen strukturkrisen

pionier
der zwischenmenschlichen glaubenskriege
weit mehr als kreuzzüge zur
befreiung eingenommener gräber
ziehend

pionier
deine bestimmung zu kämpfen
nimmt opfer
in kauf

wer nebenkriegsschäuplätze
einkalkuliert
rechnet mit mehr opfern

letzte meldung:
"an den kommunikationsfronten nichts neues"

als last der welt
erinnert sich der
arme büßer der unendlichkeit
eines tages seiner
offenen fragen
und er wagt einen
schluck aus
dem kelch des lebens

"da hast du dich wohl oder übel
überhoben", schreit der clown des alltäglichen
und klopft sich
auf die schenkel

benommen vom nebel
berauscht vom süßlichen wein tritt
der arme büßer hinter der
türe hervor

"wagst du auf schritt und tritt
mit mir zu gehen?", fragt der den
clown
dem beim bloßen anblick der
ängstlichkeit vor der unendlichkeit
der atem stockt

"was könntest du büßer mir geben ?",
erwidert der clown
dessen schminke in der heißen sonne
langsam verschmiert

"das lachen scheint zeitlos",
schreit wütend der arme büßer,
"doch auch der tag kommt
an dem du in die schwarze leere blickst
schon trüb und faltig
ein lachen im halse erstickend
den tod vor augen
den schalk im nacken
das ende greifbar - nahe
wenn der schrei im dunkel verhallt
der blick unscharf konturen
erkennend
verhallt
verhallt....."

wieder alleine – sommerzeit
nächte beginnen kälter zu werden
hand in hand am fluß
wo die bäume kühlen schatten spenden

ich liebte dich in langen wintern
melodien aus gefrorenem schnee
unter unseren schuhen

ich liebte dich in im herbst
und spürte deine haut
zwischen all den niederfallenden blättern

ich liebte dich im frühling
als die sonnenstrahlen
an wärme gewannen
und das gras unter unseren
schritten zu wachsen begann

wieder alleine – sommerzeit
kühler schatten unter bäumen
verliert sich auf dem weg zu dir

frei nach:
I need your kind of loving
(Van Morrison)

fluchtgedanken beschleichen
die in ketten gelegten
augenblicke

ausflüchte verformt
zu tageweisen labyrinthen

„tür öffnet auf anforderung" -
suggestive unterstellung öffentlicher
mobilmachung

vergeistigung der augenblicke
als sprachlose momente
handlungsunfähiger wünsche

häutung II

dorthin drängt
die enge der
eingeschnürtheit
atemlos

voran kommt allein
die hinter sich läßt
als ankommende im
vorübergehen

metamorphose

aus dem jetzt
wurzeln der
veränderung schlagen

aus der enge gedrängt
atemlos voran
im vorübergehen

in frage stellen
heißt
ausrufe zeichen
setzen

nur die stille
läßt die kompositionen
der visionen
echoartig widerhallen

todeserfahrung

Der Tod als Grenzerfahrung. Der Sterbende geht den Weg und die Begleitenden bleiben am Wegesrand zurück. In der Stunde des Verlassens setzten wir an zum Sprung, mit dem sicheren Gefühl, die Tragweite des Lebens nicht begreifen zu können.

Als wir wieder zu uns kamen, weiter entfernt als jemals zuvor, waren wir doch in der Nähe des Schmerzes verbunden.

perspektiven - im angesicht des todes -

beim versuch
der dunkelheit
konturen abzugewinnen
verwirrt die
undurchsichtigkeit
schleierhaft jede
erkenntnis

das dahinter
verschoben zum
davor

das später
vertreten durch
schon da

im angesicht des todes
verzerrt das
spiegelbild
die daneben
stehen

was bleibt
außer den bildern
in den köpfen
den letzten worten
in den ohren
den letzten stichen
in den herzen

werden mit den
müttern
töchter begraben
in roter erde
preisgegeben

streifzug der endlichkeit
nicht mehr verborgen
im lebensrhythmus

nichts scheint nackter
als angst in
finsteren nächten
getroffen

nichts dunkler
auf den pfaden
auswegloser endlichkeit
vor augen

nackte angst
läßt hoffnung
erstarren in
bizarren fratzen
überzogener endlichkeiten
was bleibt außer den bildern

todeskampf

blick getrübten
angesichts des unausweichlichen
versagen kräfte
standhaftigkeit
getauscht
gegen
fallen lassen können

auf des messers schneide
erstickt der schrei
im wortlosen meer
der ewigen stille

die spur einer geballten
faust verheißt
letzte kampfeslust

wenn es ein
e w i g
gibt unterscheiden
sich lichter am
ende des tunnels

aufmerksam

aufmerksam zieht
das leben am menschen
vorbei

um litfaßsäulenartig
extremitäten einzukleistern
mit parolen
für eine bessere welt

aufmerksam
zieht das leben
kreise aus der
bahn werfend

taumelnd
im ausweichen
zwischen pfeilern
aus gestern und hoffnungslosigkeit

aufmerksam zieht
das leben vorbei

was sind jahre gegen sekunden
der ewigkeit

heranschleichend aus dem nichts
tick-tack vorbeiziehend hallend im klangbild der
unendlichkeit
verschwinden

zufällig hineingeboren
jeder in seine zeit

millionen jahre dunkelheit
ein kurzer atemzug
reicht zum wiedereintauchen in ewiges
jenseits

das woher weicht dem warum
das wohin eine frage auf leben und tod

dreht sich die welt noch
sekunden im schwung
der zu lebzeiten antriebswütigen

weicht die angst der lust
die schwelle zu überschreiten

tagtäglich auf dem fahrplan des
lebens eine station näher
am zielbahnhof

totes gleis oder
durchgangsstation

sekundenweise teilhaben
an der ewigkeit
macht die einmaligkeit jedes
moments spürbar leichter

kindergedichte
- eine auswahl -

Es ist viel geschehen, seit aus einer Zweierbeziehung ein Fünf-Personen-Haushalt geworden ist. Kaum ein Ort in der Wohnung, der nicht kind-gerecht in Beschlag genommen wurde. Wie oft mußte Papier gerettet werden; Stifte gesucht, um dann doch auf einem Kinderschreibtisch als Spielzeug und Besitz vereinnahmt zu werden.

Und die Vereinnahmung steigt proportional mit zunehmendem Alter. Immer öfter muß die Zappa-CD vermeintlichen Superstars weichen.

Die kleine Textauswahl stammt jedoch aus der Zeit, wo alles begann...

Es fiel schnee
als du kamst
und dreckiger
matsch
unter meinen füßen
schmolz endgültig
dahin -

eine handvoll mensch
in der hand -
eine hoffnung neuen lebens
selbsterfüllter liebe
durch die - und durch dich -
ich mein
leben
erst begreifen
scheine -
jeder schrei den du tust
weckt die
liebe
zum leben mit
dir -
auch wenn nach jahren
der eigene weg
manch blase erläuft
gib auch du
aller hoffnung
zum begreifen
des lebens in dir platz
und schenke
neues leben

wir saßen am see
du und ich
ermessend seine
größe in wassertropfen

wir saßen am see
du und ich
sonne ließ
augen blinzeln
und dich weinen

wir saßen am see
du und du und ich
als familie

während dieser zeilen erkundest du deine welt
unter dem schreibtisch
und läßt dich durch keine macht
der welt an deinen vorhaben hindern
was sind für dich kriege
wo unser vertrauen gegenseitig
der beste friedensvertrag ist
und aufrüstung nur
in form von lebensmitteln
im kühlschrank nötig ist

steht kaum auf zwei
füßen

buchstäblich ungereimtheiten (2)

- *Sich auf alles einen einen Reim machen* - heißt, das Kantige am Leben mit aller Kraft glattschleifen zu wollen. Gereizt am Verlauf der erlebten Zeit hat mich immer das Puzzlestück, das nicht in die Ecke paßt. Das Wunder des Augenblicks, das überrascht, zurückwirft oder Tränen in die Augen treibt und Sehnsucht nach einem Sonnenuntergang im heißen Wüstensand macht. Die Kraft des Zurücktreibens bewahre mich vor aller Abgeklärtheit.

skizzenheft

du mein geliebtes skizzenheft
mein treuester begleiter
du endpunkt der gedankenwelt
bis hierhin und nicht weiter

du bist von außen zwar wie ich
zunächst einmal gebunden
in deinem innern seit´ für seit´
steckt freiheit unumwunden

die ahnst die stimmung
die dich trifft
wenn ich dich schlage auf
du spürst den schmerz - die freude
wenn zeilen nehmen ihren lauf

würd´ ich dich eines tags verlier´n
im zug dich liegenlassen
die beziehung zwischen dir und mir
sie könnte nicht verblassen

sie wär geprägt von wut und angst
wer mag dich nun berühren
wen würdest du gleich seitenweis´
mit meinen gedanken verführen

dem grausamen
kampf zwischen
vätern und söhnen
folgt frieden
wenn söhne den
vätern verzeihen

jedes diplomatische
verhältnis
zwischen vätern und
söhnen erstickt
im kampf
um ein
"ent-schuld-igung"
aus sohnes mund

die frage bleibt:
30 jahre lastet
an dieser erkenntnis

das credo der söhne
vater, ich verzeih´ dir

als generationenvertrag
statuiert

beunruhigung I

den beunruhigsten lebens-moment
minutiös festgelegt

    zeit und ort des todes

kein um den heißen brei mehr
festgezurrt in der
lebensversicherung
garantierter tod zum festgelegten zeitpunkt -
unterschrieben
im akt der lust
verschmilzt auch die
ewigkeit im abgesteckten
grenzbereich

beunruhigung II

ist die liebe noch zu retten
       für den
       der durch den
       dunklen schacht
       beschleunigt aller sinne
       beraubt den aufprall kaum
       erwarten kann -

ist die liebe noch tragbar
       jenseits aller atemlosigkeit
       für den
       dessen körper gebettet
       auf stoffbespanntem holz
       am ende aller vorstellung

ist die liebe noch spürbar
im schatten des nichts
im grenzbereich des
hier und nie wieder

ist die liebe noch wert - voll
       wo ewigkeit als maß der
       letzten dinge entgegen allen
       kerzenlichts im verzehren
       der quelle sich tagtäglich
       vermehrt

beunruhigung III

wird es sein wie bisher
wenn nach jahren der einsamkeit
dein leben meine
sehnsucht stillt -
wird dein kuß meine
sorgenfalten
glätten
deine hand meine lust
am leben erwecken

wird es sein wie bisher
wenn dein atem meine
haut streift
deine stimme
mich schlagartig
wachruft dein wort hinter
dem gesagten zu hören

wird es sein wie bisher
wenn die lust uns ergreift
im versinken der einigkeit
als befreiung

wird es sein wie bisher
wenn nach jahren ohne
dich dein blick mich trifft
als fünfunddreißigjähriger fünfzigjähriger neunzigjähriger

wenn die liebe dem tod
ein schnippchen schlägt
bereit für den weg
dessen grund
immerwährend der spiegel
begegnet

ecce homo

königshaupt unter dornenkranz
von spott und haß
gedrückt

golgotha vor augen
im angesicht des
todes als einziger
ausweg zum vater

stockschlag - artig leid der
welt erlöst
hoffnungs-
los er rettet weltenschicksal

unter dornenkränzen
leid er tragend
büßend ohne sühne grund

im angesicht des
todes ausweg zeigen
vater liebe voller hoffnung
annehmen

golgotha vor augen
kreuz im nacken
todesangst
als ausweg
zum vater

sein leben geopfert für uns
erweisen wir ihm als dank nichts
kopfschütteln und lächeln für
den sektenführer

doch wehe uns - wir geopfert
unser gewissen vor gott
gekreuzigt

und es läuft nur blut
und wasser aus den
gewissen

du verborgener gott

I

es wird tag
tag für tag
selbstverständliches
annehmen
nicht alltägliches
wenn die sonne ihre
reise begint - vor unseren augen
mit dem tag die zeit
tagtäglich in unserer hand
tagtäglich in ihrer hand
überrollt von alltäglichem
tag für tag

zerrinnt lebendiges
wie sand zwischen unseren fingern

was gewichtig lastete
zerreibt bis auf die
knochen
unsichtbar zerronnen
tag für tag
es wird tag

begegnungen tag für tag
alltägliches tag für tag
worte prallen gegen trommelfelle

verhallen in den gehörgängen der zeit
tag für tag
mit dem tag die zeit
begegnungen
unsichtbar zerronnen
zwischen den fingern

II

es wird tag
tag für tag
selbstverständliches annehmen
des nicht alltäglichen -
wenn die sonne ihre
reise von neuem beginnt - vor unseren augen
mit dem tag deine zeit
täglich in unserer hand
täglich in deiner hand
geborgen von alltäglichem
tag für tag

was zerrinnt lebendig
zwischen deinen fingern

so gewichtig unser ich
zerreibt dich bis auf die knochen
unsichtbar geheilt
tag für tag
es wird tag

begegnungen tag für tag
im alltäglichen
prallt dein wort gegen trommelfelle
verhallt in unseren gehörgängen - der zeit
tag für tag
mit dem tag die zeit
begegnungen
unsichtbar begonnen
geborgen in deiner hand

morgen - sagt das
weltanschauliche
werden die ewig gestrigen
in der
morgendämmerung
geblendet den in die
vergangenheit gerichteten
sinn verlieren

auf den schwingen des adlers
tritt der geist des
zukünftigen
hervor

wert los im streben
offen den kritischen
versuchungen
zugewandt

mogen - verklärten
blickes
der hoffenden
aufgrund der gesetzten
erfahrung

morgen.......

als der krieg begann

als der krieg begann
- am abend des zwanzigsten jahrhunderts -

unfaßbare intelligenz raketensprengköpfe
verdrängt keine angst

als der krieg begann
- am abend der zivilisation -
menschen viehtreiber schlächter
unfaßbare intelligenz menschlichen miteinanders
hand in hand in angst

als der krieg begann
- am abend pünktlich zwanzig uhr -
quergezappt von
stammtischrichtern
unfaßbare intelligenz des abschaltens
totgeredet jede angst

heimatstadt

ans herz gewachsen
innerlich zerrissen
am ankommen um
wegzureisen

fremde vertrautheit
gegen
vertaute fremde
brennt jede
berührung unter den
füßen geht jeder blick
ins mark

die liebste
verloren
liebschaften
gewonnen
betrogen der
freiheit rausch

ans herz gewachsen
um wegzureisen

erotische begegnung

in der eigenen stadt
als fremder
zu hause
berührt erinnerung
sanft streichelnd
haut

süßer duft
umweht betäubend
jeden schritt
heißer
atem
ausgestoßen
lustvoll straßenecken

tausend nadeln
auf der haut
fremd umschleicht
mich eine
lust im
meer der
träume zu versinken

tiefer versinken
im strudel
des gestern nicht
gefangen an den
stellen wo du
sanft zusammenzuckst

tatsächlich - davongekommen

schritt für schritt
erkannt den kleinen grenzkonflikt
wollen und können
als zwei welten

schritt für schritt
entkommen aus
vergangener zeit aktenkundig
belegt - als wegbereiter
zukunftsweisend

blick nach vorne

Wenn der Mensch wüßte, wann er seinen letzten Atemzug täte, was würde sich wohl ändern? Würde er versuchen, die Sekunden festzuhalten und starr vor Schreck die Unausweichlickeit des Schicksals erwarten?

Solange der Blick ungetrübt nach vorne gerichtet ist, kann eigentlich keine Überraschung hinter der nächsten Ecke lauern.

was kommt nach dem letzten atemzug

was kommt nach dem letzten atemzug
ein dunkler weg - ein helles tor
am ende alles lug und trug
der traum von einem paradies

was kommt am ende aller tage
ein riesen knall - ein stilles grummeln
gibt's je eine antwort auf die frage
wie's hinter'm horizont wohl weitergeht

wenn sich das leben
unaufhaltsam dem tode beugt
bäum' ich mich auf
schließ ich gelassen meine augen
tret' mit gepackten koffern diese reise an

was kommt nach dem letzten händedruck
die kälte oder
durchflutende wärme
die gewißheit: vor und nie mehr zurück
fällt man in's fangnetz ewigkeit

was kommt nach dem letzten kuß
die einsamkeit - ein treffen alter freunde
fängt es erst an - ist für immer schluß
angst und neugier bis zu diesem schritt

wenn meine stunde schlägt

loslassen vom halten
vornüber gleiten
vom felsvorsprung
windstoß leben im
vorbeiziehen

haltlos lassen
kopfüber voraus
ohne atemzug
zieht tag und tag
die kreise

kein zurück
wenn meine stunde schlägt
angsterfüllte hoffnung
im freien fall

letztendlich aufgefangen
in Deinen schützenden armen -
ist das geheimnis
des glaubens

am scheidepunkt oder
am siedepunkt
wenn wege sich kreuzen oder verkochen;
angst macht mir der endpunkt

manchmal träumt ich
der lenker hat einen endpunkt verlegt

wenn die ewigkeit ein zustand
ohne musik
ohne berührung
ohne wärmende strahlen der sonne
ohne körperliche nähe

ist am ende aller dinge nur
finsternis

abendlob

laß in meiner hand gefühl sein
zum trösten, streicheln, berühren
und schreiben

laß meinen kopf bis zuletzt klar sein
verstopf nicht weg über stift auf papier

schenk mir die scharfen gedanken
auch wenn sie verletzen und ohnmacht
offenbaren

sei du bei mir
wenn der tag sich neigt und die ewige
nacht kein sieger
werden kann

zeitenwende

ziele verschoben
        ohne hand
anzulegen

tage verträumt
        ohne bilder im sinn

berge versetzt
        ohne glaube tief

hände bewegt
        ohne griffe
gezeigt

strasse der weisheit
        kreuzungsweise gestreift

endlich den kopf frei
für hunderttausend
gedanken
wind bläst von vorn
zeit, daß fundamente wanken

endlich das herz schwer
von verpaßten chancen aus dem gestern
puls pocht spürbar in den adern
macht hoffnung auf die zukunft lästern

endlich das ohr taub
worte unerhört erklungen
orientierungs-voll bis zum zerplatzen
ganz schwach der musik
erinnerung gesungen

endlich liegt das
schicksal in der hand
tiefe wunden vernarben
dennoch auf der haut
bin ganz ohr im herzen
stück für stück das
morgen baut

dass kein kelch an mir
vorüberzieht
der mich trunken
übermannt am letzten geheimnis

dass kein sturm
unbeschadet vorüberzieht
meine wurzeln erzittern läßt

dass keine flut
das wasser vor dem hals
jäh stoppt
mich auswäscht – steine freispült

dass feuer glüht und
hitze spüren läßt

jeder funken
jeder tropfen
ungenutzt bereut
und vermisst das
geheimnis

standpunkt

steht mit beiden füßen
gegen den wind
beißt salzwasser
in augen
blicken zerrinnt
gewonnenes

standpunkt
fest umrissen
alle mal
fest
mit beiden
füßen

blick nach vorn
nichts gegen
einzuwenden
lastend
zementierter standpunkte

stimmen schreien
ufernebel verlorener sichtkontakt
treibsand der
gedanken bremsen
neue wege aus

hände reichen
zurück
aus den augen
aus dem sinn

stimmen schreien
treibsand

welt - verdreh dich
im spiel der achsen
wo heute horizonte
verdrängt

welt - verdreh dich
längs der breitengrade
wo gestern abende
vergisst

welt - verdreh dich
flut und ebbe
wo morgen sonnen
finsternis

segelflug

erst im moment des
ausklinkens
freiheit spürbar tragend luftstrom
seitenruder tretend
kreisend kreisen
plexiglasgrenze zur
unendlichen
weite der vogelfreiheit
im pfeifen des windes
als bodenlose hymne
beginnt schon der
sinkflug
landeklappen
beschleunigen
den wiedereintritt in
gefangenschaft irdischer
begrenztheit
ruckartig aufgesetzt
zum leben über
der grasnarbe

der tragenden luftströme auftrieb
schon vergangenheit
auf dem boden der
realität

spürsinn

sekunden purzeln
schlagartig aus den ziffern
des vorwärts müssens

mit abstand
den puls der zeit
betrachten
öffnet den blick
für zeitweise ohnmacht

wenn wirklich
alles
die entscheidende
tausendstel sekunde
zu lange dauert
nehmen wir uns die
nötige zeit

abrollhügel

aufgeschoben und gedrängt
gewichtig stück für stück
schienenstrang empor
geschoben
am zenit gewinnt
die kraft der schwere
alle wege – gleis
auf gleis gerutscht
wo weichen vorgestellt
den weg dir bahnen

krachend bremsend
mit dem hemmschuh
der verhindert krachend
in die neuen konstellationen
auf der lebensbahn

eines tages
– wohl gezählt –
wird es der letzte sein

jüngstes gericht und
fünf nach zwölf

laß mich ruhig gehen
wenn die zeit kommt
reich dem sensenmann die hand
grüß gott – gevatter hein

wenn ich gehe – eines tages
laß den blick auf
das stück leben
so gelassen sein
wie die inseln im
nordatlantik
wo die ruhe wohnt

Verzeichnis der Textanfänge